मन के मोती

कविताओं में जीवन के रंग

संदीप अग्रवाल

BookLeaf Publishing
India | USA | UK

BookLeaf Publishing द्वारा प्रस्तुति

वेब: www.bookleafpub.com
ईमेल: info@bookleafpub.com

ISBN: 9789371562133

प्रथम संस्करण 2025

Introduction

This book is a heartfelt collection of Hindi poems that reflect the depth of human emotion and the simplicity of life's everyday beauty. Each poem is a pearl strung on the thread of experience-be it love, patriotism, nature, or the silent whispers of introspection. The book captures the essence of a journey that began in school days and still continues with the same spark.

The central theme revolves around the celebration of emotions, drawing from real-life experiences, cultural values, personal reflections, and universal truths. It is meant to connect with readers at a soulful level, awakening memories, inspiring pride, evoking love, and nurturing peace.

Man ke Moti

About the Author

Sundeep Agarwal is a Chartered Accountant by profession and a poet by passion. A Partner at a global consulting firm, he balances boardroom strategy with the soul of a storyteller.

Raised in Northeast India, Sundeep began writing poetry in school a creative flame that has only grown brighter with time. His verses reflect life's many hues: love, struggle, nature, and inner reflection expressed in simple Hindi, touched by the elegance of Urdu.

"Man ke Moti" is not just a collection of poems it's a journey of feelings, memories, and meaning, told with authenticity and heart.

समर्पण

यह पुस्तक उन सभी भावनाओं, स्मृतियों और अनुभवों को समर्पित है, जिन्होंने मेरे हृदय में कविता के बीज बोए।

मेरे माता-पिता को, जिन्होंने मुझे शब्दों की दुनिया से परिचित कराया और जीवन की सच्ची कविता जीना सिखाया।

मेरी जीवनसंगिनी, ममता को, जो मेरी प्रेरणा, और मेरे हर शब्द के पीछे की आत्मा हैं।

मेरी प्यारी बेटियों, वेदिका और वर्षना को, जिनके समय-समय पर दिए गए सुझावों ने इन कविताओं को और सुंदर बनाया।
मेरे मित्र प्रवीण जी जोहरी को, जिन्होंने मुझे हमेशा कविता लेखन के लिए प्रेरित किया और इस पुस्तक की समीक्षा में सहयोग दिया।

मेरे परिवार और मित्रों को, जिनकी हँसी, प्रेम, और स्नेह ने मेरी रचनाओं को रंग दिए।

उन सभी पाठकों को, जो शब्दों के इन मोतियों में अपने जीवन के अर्थ खोजेंगे, और जिनकी भावनाएँ इन कविताओं में गूँजेंगी।

और अंत में, स्वयं कविता को—जिसने मुझे हर मोड़ पर सहारा दिया, मेरे सुख-दुःख को स्वर दिया, और मेरे जीवन को अर्थपूर्ण बना दिया।

इस संकलन की हर पंक्ति आप सभी के लिए!

Dedication

This book is dedicated to all those emotions, memories, and experiences that sowed the seeds of poetry in my heart.

To my parents, who introduced me to the world of words and taught me to live the true poetry of life.

To my life partner, Mamta, who is my inspiration, my peace, and the soul behind every word I write.

To my beloved daughters, Vedika and Varshana, whose timely suggestions have made these poems even more beautiful.
To my friend, Praveen Ji Johri, who has always inspired me to write poetry and assisted in the review of this book.

To my family and friends, whose laughter, love, and affection have added colors to my creations.

To all the readers, who will discover the meaning of their own lives in these pearls of words, and whose emotions will resonate within these poems.

And finally, to Poetry itself— which has supported me at every turn, given voice to my joys and sorrows, and made my life meaningful.

Every line of this collection is for you all!

अंतर्वस्तु

कहने को तो कुछ भी नहीं

तेरी बाहों का वो कोमल घेरा,
कहने को तो कुछ भी नहीं —
पर बन गया है मेरा प्यारा-सा बसेरा।

तेरी आँखों की वो मन्द मदहोशी,
कहने को तो कुछ भी नहीं —
पर बन गया है मेरा बेशुमार नशा।

तेरी ज़ुल्फ़ों की वो ठंडी छाँव,
कहने को तो कुछ भी नहीं —
पर बन गई है मेरी शामों की पनाह।

तेरी बातों का वो मिठापन,
कहने को तो कुछ भी नहीं —
पर बन गई है मेरे हर लम्हे की मुस्कान।

तेरी हँसी की वो मासूम अटखेलियाँ,
कहने को तो कुछ भी नहीं —
पर बन गई हैं मेरे जीने का बहाना।

मन की फुसफुसाहट

"हर एहसास को ज़ुबान नहीं चाहिए —
कभी-कभी नज़दीकियाँ ही काफ़ी होती हैं।"

हसरतें

तेरी यादों की ये बेड़ियाँ
कुछ यूँ जकड़ गई हैं मुझे —
न छुड़ा पाता हूँ ख़ुद को,
न ही अब छुड़ाने की हसरत है।

तेरी बातों का वो असर
की सारा जहान धुंधला पड़ जाता है —
न किसी की याद आती है,
न ही अब किसी को याद करने की हसरत है।

तेरा पास होना एक नशा-सा है,
जो मदहोश कर देता है हर बार —
न होश में रहता हूँ,
न ही अब होश में आने की हसरत है।

तेरी तन्हाई का ज़हर
अब रूह तक उतर आता है —
न ये जीने देता है,
न ही अब जीने की हसरत है।

मन की फुसफुसाहट

“कभी-कभी हसरतें पूरी होकर भी अधूरी लगती हैं —
क्योंकि उन्हें पाना नहीं, बस महसूस करना होता है।”

पागल दिल

अब न भूख लगती है,
न प्यास सताती है,
तेरी यादों की चादर ओढ़
हर रात आँखें भर आती हैं।
पागल दिल ये संभले ना,
अब तो बस तेरे इंतज़ार में।

पर्वत को कलम बना लूं,
सागर को स्याही कर दूँ,
आसमान को काग़ज़ बना
तेरा ही नाम लिख दूँ।
पागल दिल ये संभले ना,
अब तो बस तेरे इंतज़ार में।

झरने की तरह बह जाऊँ,
पंछी बनके उड़ जाऊँ,
सावन की तरह झूमूँ मैं,
कोयल सा गीत सुनाऊँ।
पागल दिल ये संभले ना,
अब तो बस तेरे इंतज़ार में।

तेरी यादों में बेचैन हूँ,
तेरे ख्वाबों में गुमसुम हूँ,
अकेले में खुद से बातें करता,
तेरे बिना अधूरा-सा महसूस करता।
पागल दिल ये संभले ना,
अब तो बस तेरे इंतज़ार में।

न दिन ढलते हैं पहले जैसे,
न रातें ही सुकून देती हैं,
तेरे बिना जीना है अब मुश्किल,
तेरी यादें ही अब ज़िंदगी लगती है।
पागल दिल ये संभले ना,
अब तो बस तेरे इंतज़ार में।

मन की फुसफुसाहट

"इंतज़ार जब इश्क़ बन जाए —
हर पल एक कविता बन जाता है।"

कॉलेज की यादें

कितना यादगार,कितना सुहाना,
कई सालों का सफ़र रहा है जनाब!
यारों की यारी का रिश्ता है कुछ ऐसा,
जिसका ना कोई पैमाना,ना कोई हिसाब।

हम मिलें या न मिलें, हर रोज़,
पर दिल से दिल का रिश्ता अब भी है लाजवाब,
झगड़ते भी हैं हम बेझिझक,
मोहब्बत भी उतनी ही है बेमिसाल।

वो जगजीत की ग़ज़लें,
वो अधूरी-सी मोहब्बत की कशिश,
वो बात-बात पर मर मिटने की क़समें,
वो आँखों में पलते मासूम ख्वााब,
और आसमां छूने की हसरतें।

जब-जब कॉलेज की याद आती है,
दिल में एक अजीब-सी तरंग जाग जाती है,
किसी और ही दुनिया में खो जाता हूँ,
और फिर से एक बार जवाँ हो जाता हूँ...

मन की फुसफुसाहट

“जब जब कॉलेज की यादें ज़हन में आती हैं—
दिल में घर कर जाती हैं।”

सोलहवाँ साल

ज़िंदगी का यह सोलहवाँ साल,
जिसकी नहीं कोई मिसाल।
हसरतों की उड़ान है इसमें,
ख़्वाबों का रेशमी जाल।

मौसम भी बदलते हैं यहाँ,
तो बदलती हैं ख्वाहिशों की चाल।
कभी धूप, कभी छाँव सी लगती है—
यहीं है सोलहवें साल का कमाल।

स्वर बदलते हैं, सुर भी,
दिल की धड़कन में नई होती ताल।
न कहे कुछ होता है, न करे कुछ,
होता है बड़ा बुरा हाल।

पर कुछ तो करना है ऐसा,
जिससे हो जाए धमाल!
दुनिया कहे—देखो ज़रा,
क्या कर दिया कमाल।

मन की फुसफुसाहट

"सोलहवाँ साल—जहाँ हर एहसास पहली बार मुस्कुराता है,
और हर सपना पहली बार उड़ान भरना चाहता है।"

२५वीं वर्षगाँठ

यह उत्सव है रिश्तों की मिठास का,
यह उत्सव है यारों की सच्ची यारी का।
यह उत्सव है प्यार के इज़हार का,
यह उत्सव है ज़िंदगी को गले लगाने का।

यह न कोई T20 है, न कोई वन डे मैच—
यह तो है एक टेस्ट मैच की पिच, भाई !
कभी स्पिन, तो कभी बाउंसर,
कभी क्लीन बोल्ड, तो कभी सिक्सर।

अभी तो पहली पारी ही खत्म हुई है,
पूरी की पूरी सीरीज़ बाक़ी है, जनाब।
इस खेल में न कोई हार है, न कोई जीत,
न कोई पेनल्टी है, न कोई ट्रॉफी का गीत।

पच्चीस सालों का ये सुहाना सफर ,
प्यार-मोहब्बत की प्यारी दास्तान।
सुख-दुख में साथ चलने वाला ये रिश्ता,
नोक-झोंक में भी मुस्कुराता ये अफसाना।

अब भी नया सा लगता है, ये रिश्ता पुराना।
हर लम्हा, हर मोड़, गुजरा सफ़र सुहाना।
दिल आज भी वही ग़ज़ल गुनगुनाता है —
"चौदहवीं का चाँद हो, या आफ़ताब हो..."

आज का दिन है बेहद प्यारा,
तुमको बहुत-बहुत मुबारकबाद यारा।
बस खुदा से यही दुआ है -
ये प्यार, ये मुस्कान हमेशा बनी रहे,
हमारी जोड़ी यूँही सलामत रहे।

मन की फुसफुसाहट

"वक़्त के साथ जो रिश्ता मुस्कुराता है,
वही सबसे सच्चा इश्क़ कहलाता है।"

जन्मदिन

जन्मदिन की याद दिलाकर अपनों ने,
जैसे बाँट दिया ज़िंदगी को सालों में।

कब बचपन मेरा ओझल हो गया,
कब झुर्रियाँ पड़ गई इन गालों पे।

आधी उम्र भी हकीकत में नहीं गुज़री,
बाकी सिमट के रह गई किताबों में।

कुछ कर दिखाने की तमन्ना तो थी दिल में,
पर उलझ कर रह गए बेबस ख़यालों में।

वो कहते रहे — "ज़िंदगी तो खुली किताब है",
हमारे तो जज़्बात भी रह गए बंद लिफ़ाफ़ों में।

ग़ैरों से तो बेवजह ही डरते रहें हम,
अपनों ने ही दूर रखा सच के उजालों से।

किसी और को दोष देना नादानी है,
मकड़ी खुद फँस गई अपने बुने जालों में।

मन की फुसफुसाहट

"मत तोलो ज़िंदगी को पाने में या खोने में,
मज़ा इसे जी लेने में है।"

बीत गया एक और साल

बीत गया एक और साल,
दे गया कुछ ख़ुशियाँ,
छोड़ गया कुछ अनसुलझे सवाल।

कुछ सपने साकार हुए,
कुछ राहें कठिन रही,
हर ठोकर में भी छुपी थी
एक नई किरण कहीं।

जो लम्हें जिए,
अब यादें बन गए,
जहाँ आँधियाँ आईं,
वहाँ अफ़साने बन गए।

धैर्य ने सादगी सिखाई,
संघर्ष ने असली पहचान दिलाई।

मंज़िलें मिलीं,
तो खुद पर यक़ीन और बढ़ा,
जो राहें भटकीं,
वही सबसे बड़ा सबक बना।

हर हार ने थोड़ा और मज़बूत किया,
हर जीत ने नया हौसला जगा दिया।

अपनों की छाँव में,
हिम्मत बढ़ती गई,
दुआओं के असर से,
राहें भी रोशन हुईं।

ख़ुद से किया था वादा—हर लम्हा खास बनाएंगे,
ग़म हो या ख़ुशी, दोनों को गले लगाएंगे।

कल का भरोसा नहीं, बस आज की थी आस,
इसलिए जिया हर पल, क्योंकि हर पल था ख़ास।

मन की फुसफुसाहट

"ज़िंदगी का ये कारवाँ यूँ ही चलता रहेगा,
हर लम्हे को जीने का वादा... फिर से बनता रहेगा।"

ज़िंदगी

ज़िंदगी को समझने में,
ज़िंदगी ही गँवा बैठे।
बेहतर होता,
जैसी थी—
वैसी ही जी लेते।

ज़िंदगी वो नहीं
जो तारीख़ों में आगे बढ़ती है।
ज़िंदगी वो है—
जो तेरे भीतर
हर रोज़ चुपचाप
खिलने की कोशिश करती है।

सुबह की भागदौड़,
शाम की थकावट,
और दिल के सवालों पर—
सन्नाटे की तनी चादर।

उलझे रहते हैं फ़िज़ूल की रस्मों में,
घिरे रहते हैं बेकार के सवालों में।

हक़ीक़त के सूरज से डरकर,
कैद हो गए हैं—
सपनों के पिंजरों में।

क्या इसी को ज़िंदगी कहते हैं?
शिकायतों की कड़वाहट में
हम जीवन की मिठास खो देते हैं,
और दूसरों की ज़िंदगी जीते-जीते
ख़ुद ज़िंदा रहना भूल जाते हैं।

कुछ रिश्तों को नाम न देना बेहतर है,
कभी-कभी ख़ामोशी भी अपना नाता निभाती है।
ज़िंदगी से भी हमारा,
कुछ ऐसा ही अनकहा सा वास्ता रहा है।

ज़िंदगी भी बड़ी ज़िद्दी निकली —
जानती है कि मैं हार मानने वाला नहीं,
फिर भी हर मोड़ पर
मुझसे ही इम्तिहान लेती रहती है।

मन की फुसफुसाहट

"समझते-समझते बीत गई उम्र,
काश कभी जिया भी होता बेफिक्र।"

ज़िंदा हो... पर वाक़ई?

जीने और ज़िंदा रहने में
बहुत फ़र्क़ है भाई!
साँसों को ही जीना समझ बैठे,
और चलते रहते हैं—
अपने ही वजूद का बोझ उठाते हुए।

ज़रूरी नहीं कि
तू जलाया न गया हो
तो तू ज़िंदा है।

कल क्या हुआ था,
और कल क्या होगा,
पछतावे और उम्मीदों
की इसी चिंता में,
जीता रहता है हर पल
अपनी ही चिता जलाकर।

और मरता तो रोज है इंसान,
कभी दौलत पर,
तो कभी शोहरत पर,
कभी वासना पर,
तो कभी नाकामी पर।

हर दिन "मैं ठीक हूँ" कहते रहना,
हर रात तकिए से सच कहते रहना।

चेहरा भले ही मुस्कराता हो,
पर दिल ही दिल में,
मरते रहना ।

ज़िंदा वही है, दोस्त —
जो हर साँस को महसूस करता है,
हर लम्हे को गले लगाता है,
जो मुश्किल में भी मुस्कुराता है,
और सबके दिल में बसता है।

मन की फुसफुसाहट

“चलते रहे, दौड़ते रहे, साँसें चलती रहीं...
पर क्या वाक़ई जीते रहे?”

मेरी जान

सागर में पानी की बूँद जैसी,
चींटी के समान—
नन्ही-सी है,
मेरी ये जान।

डर-डर के जी रहा था कब से,
खुलकर जी तो लूँ—
बेखौंफ होकर, एक बार।

भीड़ में कहीं खुद को खो बैठा था,
खुद से मिल तो लूँ—
एकांत में, एक बार।

न जाने कब रुक जाए ये साँसें,
आज मुस्कुरा तो लूँ—
बेवजह एक बार।

सागर में पानी की बूँद जैसी,
चींटी के समान —
नन्ही-सी है,
मेरी ये जान।

मन की फुसफुसाहट

"वो छोटी-सी जान जब मुस्कुराकर जीती है,
तो पूरी दुनिया छोटी लगने लगती है।"

ज़रा सुध ले लेते हैं हम

ज़िंदगी की इस भाग-दौड़ में,
कहीं खुद को ही खो बैठे थे।
अब जब ठहरे हैं थोड़ी देर,
तो अपनी भी सुध ले लेते हैं हम।

बाहर के शोरगुल में,
बहरे से हो गए थे हम।
अब जब सब कुछ शांत है,
तो ज़रा अपनी भी सुन लेते हैं हम।

वो पाठ जो स्कूल में कभी पढ़ा था,
वक़्त की धूल में कहीं गुम हो गया था।
धैर्य और समय ही सबसे बड़े योद्धा हैं,
तो वो पाठ फिर से दोहरा लेते हैं हम।

सूरज तो हर रोज़ उगता है,
हवा हर रोज़ चलती है,
पत्तों की सरसराहट,
और पक्षियों की चहक,
अब उनका भी एहसास कर लेते हैं हम।

हाँ, ज़िंदगी की इसी दौड़ में,
हम बहुत दूर निकल आए थे।
अब जब थोड़ा थमे हैं,
तो क्यों न ख़ुद से रुबरू हो लेते हैं हम।

मन की फुसफुसाहट

“जब शोर नही, तब सुन ज़रा—
ज़िंदगी क्या कह रही है।”

ग़र आईना न होता

काले-गोरे का कोई भेद न होता,
सुंदर और कुरूप की परिभाषा न होती
इंसान की तुलना इंसान से न होती—
शायद,हमारी पहचान कुछ और होती।
ग़र आईना न होता

हम खुद को औरों की आँखों में देखते,
दूसरों के दिलों में खुद को उतारते।
अगर ज़रा रुककर, खुद से मिल पाते—
शायद, इंसान का नज़रिया कुछ और होता।
ग़र आईना न होता

हम सृष्टि की रचना को महसूस कर पाते,
प्रकृति की खामोश भाषा को समझ पाते।
जीव-जंतुओं, पत्तों और हवाओं से बात कर पाते—
शायद, ज़िंदगी की परिभाषा ही कुछ और होती।
ग़र आईना न होता

हम खुद के भीतर झाँक पाते,
दिल की आवाज़ को सुन पाते I
हम अपने वजूद को महसूस कर पाते—
शायद, आत्मा से रिश्ता कुछ और होता।
ग़र आईना न होता

मन की फुसफुसाहट

“आईना तो है ही बेईमान—
हम होते कुछ और हैं और यह दिखता कुछ और है।”

मोती

मोती तैरते नहीं, छिपे रहते हैं,
समंदर की गहराइयों में।
और उन्हें पाने के लिए,
गोता लगाना ही पड़ता है।

देखा है हमने गोताखोरों को,
बिना डरे, बिना विचलित हुए,
चीरते हुए लहरों को,
गहराई में उतरते हुए।

हर गोता, हर ठहराव —
जैसे धैर्य की एक मौन तपस्या हो।
जहाँ जीत मोती तक पहुँचने में नहीं,
बल्कि खुद को जानने में छुपी होती है।

मन की फुसफुसाहट

“हर सीप में मोती हो,क्या यह ज़रूरी है?
और अगर लौटे खाली हाथ —तो क्या कमी समुद्र की है?”

सफलता

जहाँ काँटों की शाखाएँ होंगी,
गुलाब भी वहीं मुस्कुराएँगे।

जहाँ कीचड़ की गंदगी होगी,
कमल भी वहीं खिल पाएंगे।

जहाँ सागर की गहराइयाँ होंगी,
मोती भी शिप में वहीं छिपे पाएंगे।

जहाँ पर्वतों की कठिन शृंखलाएँ होंगी,
सपनों की वादियाँ भी वहीं घर बसाएगी।

जहाँ रातें घनघोर काली होंगी,
सुबह की पहली किरण भी वहीं जगमगाएगी।

जिस मोड़ पर हार का डर होगा,
सफलता की राह भी वहीं नज़र आएगीI

मन की फुसफुसाहट

"जो रास्ता मुश्किलों से होकर गुज़रता है—
अक्सर वही सफलता की ओर ले जाता है।"

ज़रूरी हैं क्या?

रोज़ रात देर से घर आना,
शादी शूदा होना ज़रूरी है क्या?

पीने की आदत लगा लेना,
होश में रहना ज़रूरी है क्या?

बहुत ज्यादा पढ़ लिख लेना,
अंबानी होना जरूरी है क्या?

बच्चों की गलती पर उन्हें डाटना,
आदर्श अभिभावक बनना जरूरी है क्या?

फेल हो गये तो अफसोस करना,
गलती से सीखना जरूरी है क्या?

वो एक मारे तो उसे दी मारो,,,,,,
गांधी बनाना ज़रूरी है क्या?

जब मन का न हो तो अफसोस करना,
भगवान पर विश्वास करना ज़रूरी है क्या?

मन की फुसफुसाहट

"हम जवाबों में उलझे रह गए —
कभी सवालों को जीना ही नहीं सीखा।"

माँ

माँ सुख है, माँ सहारा है,
माँ जीवन में उजियारा है,
माँ बरसात है सावन की,
माँ तपती दोपहर में छाया है।

माँ की छाया जब साथ होती है,
हर ठोकर में भी राहत होती है।
माँ का हाथ हो जब सिर पर,
हर राह आसान हो जाती है।

माँ आँसू में भी सुकून है,
माँ मुस्कान में भी जुनून है।
माँ मेरी धड़कन है,
माँ मेरा जीवन है।

माँ गुरू है, माँ ज्ञान है,
माँ मेरी पहचान है।
माँ आन है, माँ सम्मान है,
माँ मेरा भगवान है।

मन की फुसफुसाहट

“माँ - वो शब्द जिसे सोचते ही आँखें भीगती हैं...
और दिल मुस्कुरा उठता है।“

पापा

वो बिना कहे समझ जाते हैं
दिल की हर बात।
कुछ ऐसा है ये रिश्ता—
जिसे शब्दों में बयान करना,
कदाचित नहीं आसान।

मेरी हर मुस्कान में
उनके त्याग की चमक होती है,
और मेरी हर मंज़िल में,
उनकी थमी साँसों की धड़कन बसती है।

सारे ग़म अपनी हँसी में छुपा लिए,
मेरे लिए हर राह को,
आसान बना दिआ।

कभी गुरु बनकर राह दिखाई,
तो कभी भगवान बनकर,
परछाईं बन गए।

जब पहली बार चलना चाहा,
उनकी उँगली मेरी राह बनी।
और जब लड़खड़ाया,
ज़िंदगी की राहों में,
तो उनका हाथ,
मेरी सबसे बड़ी ताक़त बनी।

कभी डाँटा, कभी समझाया,
पर हर बार चुपचाप दुआ बन के साथ आया।
जो कहा नहीं गया—वही तो प्यार था,
जो दिखा नहीं,वही तो आधार था।

पापा—वो सिर्फ नाम नहीं,
मेरी नींव की सबसे गहरी ईंट हैं।
आज जो भी हूँ मैं,
वो उनकी हर कुर्बानी की जीत हैं।

मन की फुसफुसाहट

“पापा—जिनके बिना सफलता की उड़ान अधूरी है।”

शिशु

प्रकृति की सबसे कोमल रचना,
मानो साकार हुआ सबका सपना।
जैसे फूलों से निकला इत्र,
किसी चित्रकार का सबसे सुंदर चित्र।

उसका रुई-सा मुलायम स्पर्श,
उसकी मिश्री-सी प्यारी मुस्कान—
वो अब बन गई है,
हम सबके दिल की जान।

चाहे वो ले उबासी या प्यारी सी अंगड़ाई,
हर अदा पर जैसे दिल लुट जाए।
वो हँसे, रोए या थोड़ी सी रूठ जाए,
उसे गोद में लेने को सब बेताब हो जाएं।

जब हल्के से उठती हैं उसकी पलकें,
लगता है जैसे सूरज चुपके से निकल आया।
वो जागे तो दिन की शुरुआत लगे,
वो सोए तो रात का सन्नाटा छा जाए।

बिना बोले सब कुछ कह जाती है,
जैसे दिल की हर बात समझ जाती है।
और जब कभी उसका रोना शुरू हो जाए,
तो अच्छे-अच्छों की बोलती बंद हो जाए।

मन की फुसफुसाहट

“एक नन्हीं सी मुस्कान...जो हम सभी का संसार बन गई”

छज्जे पेड़ बन गए हैं

ईंटों के इस जंगल में,
अब पेड़ कहाँ रह गए हैं?
पंछियों के लिए तो बस
घर के छज्जे ही पेड़ बन गए हैं।

पथरीली लहरों वाले सागर में,
समा गई हैं मासूम झीलें।
इमारतों के इस बगीचे में,
अब बहते हैं सिर्फ़ बरसाती नाले।

एक समय था जब बच्चे
मेलों में खो जाया करते थे,
अब मॉल की भीड़ में,
वो मेले ही कहीं खो गए हैं।

बचपन की मिट्टी, गलियों की हँसी,
अब स्क्रीन की चमक में गुम हो गई है।
और शहर की इस अंधाधुंध दौड़ में,
ज़िंदगी भी जैसे खुद से दूर हो गई है।

मन की फुसफुसाहट

"पेड़, मेले और झीलें तो हमसे दूर हुए—
पर क्या हम भी खुद से दूर नहीं हो गए?"

सोने की चिड़िया

कहाँ उड़ गई वो सोने की चिड़िया,
कहाँ छिप गया सुनहरा सवेरा?
चारों ओर बस शोर है लुटेरों का,
जैसे भ्रष्टाचार बन गया हो कोई मेला।

जहाँ गूंजती थीं ऋचाओं की स्वर-लहरियाँ,
अब वहां पसरा है सन्नाटों का अंधेरा—
जिस धरती को कहते थे स्वर्ग समान,
आज वो वीरान-सा लगता है...भारत मेरा।

कहाँ उगा है विकास का सूरज?
किस आँगन में उतरी है शांति की किरण?
सदी बीत गई सपनों को सँजोते-सँजोते,
अब हर सवेरा लगने लगा है घना सा अंधेरा।
जिस मिट्टी से उठती थी पहचान की सुगंध,
अब वहीं उम्मीदें हैं अधूरी...और आँसू बेबस।

पर अभी सब कुछ ख़त्म नहीं हुआ—
देश को आत्मा है अभी ज़िंदा।
फिर से सजेगा उजाले का नया सवेरा।

अब वक़्त है आँखें खोलने का—
और सच से नज़र मिलाने का।

बनाना होगा भारत को फिर से वो बसेरा—
जहाँ सपनों को डर न हो, और भविष्य हो सुनहरा।

जहाँ फिर से लगे—
कि ये भारत मेरा है...और दिल से मेरा है।

मन की फुसफुसाहट

“भारत सोने की चिड़िया बन सकती है फिर से,
अगर हम सिर्फ़ गर्वित ही नहीं, कर्तव्यनिष्ठ भी रहें।”

हमारा लदाख

रवानी सी बहे हवा, मदहोश हर शाम,
जिसकी ख़ामोशी में भी हो मोहब्बत का पैग़ाम,
जहाँ देखो बस दिल की बात—
वो है हमारा, बस हमारा लदाख।

सोने सी चमके वहाँ की मिट्टी,
हर सुबह लगे जैसे हो बैसाख,
जहाँ ज़मीन भी आसमान से बातें करे—
वो है हमारा, बस हमारा लदाख।

नीले पानी की खामोशी, बर्फ़ीली चोटियों की बात,
घटाओं की बाँहों में मिले दुआओं की सौगात,
जहाँ हर पल लगे जैसे खुदा हो पास—
वो है हमारा, बस हमारा लदाख।

जैसे ज़िंदगी को मिल गई हो नई ज़िंदगी,
हर सांस में बसती हो कोई मोहब्बत की आग,
जहाँ हर सोच रुक जाए, हर धड़कन जाग जाए—
वो है हमारा, सिर्फ़ हमारा लदाख।

मन की फुसफुसाहट

"कभी-कभी कोई जगह एक एहसास बन जाता है —
लदाख भी अब नक्शे से नहीं, दिल से जुड़ गया है।"

सिंगापुर की होली

दिल से जब निकले प्रेम की गोली,
सतरंगी रंग में भीगे गोरी की चोली।
गाते-बजाते, नाचते हैं सब मिलके,
जवान-बूढ़ों की बनती टोली।

तालियों में घुलती है कोयल की बोली,
महफ़िल लगे जैसे निकली हो डोली।
दुश्मन भी लगते हैं आज हमजोली,
हँसी-ठिठोली में सजी होली की झोली।

कृष्णा की ठिठोली, राधा की भोली बात,
मथुरा-वृन्दावन सा लगे हर एक साथ।
न झोली में धन हो, न चोख़ा रस हो,
प्रेम में सब आज भरपूर बस हो।

गले मिलो, मुस्काओ, खेलो गुलाल,
भूल जाओ आँख मिचौली और हर बवाल।
हाँ यही है यारों—
अपनी सिंगापुर की होली का कमाल।

मन की फुसफुसाहट

“होली सिर्फ़ रंगों की नहीं,
दिलों के मिलने की सबसे मीठी रीत होती है।”

बादल

आसमान में बिखरा—जैसे रुई का गोला,
कभी नदी, कभी नाला, कभी पर्वत-सा भोला।

कभी उठता धुएँ-सा, कभी बन जाए रेखा,
क्षितिज पे बिछा जैसे शिव-जटाओं का देखा।

शिव के सिर से झरती गंगा की धारा,
घूंघट बन चाँद को ढँक ले—नज़ारा न्यारा।

सूरज की लौ को आँचल में छुपा लेता है,
कभी ममता-सी छाँव बन सबको हर लेता है।

कभी रंगों की घटा, कभी आकारों की बात,
कल्पनाओं की उड़ान, और मन की सौगात।

भाप से बना, पर जीवन बरसाता है,
हां—यही तो है बादल, जो चुपचाप मुस्काता है।

कभी बिना बरसे भी बहुत कुछ कह जाता है,
बचपन की कश्ती, भीगे सपने दे जाता है।

कभी घनी उदासी, कभी मीठी रिमझिम,
बादल—हर मौसम की एक अनकही दास्ताँ लिख जाता है।

मन की फुसफुसाहट

"बादल सिर्फ़ पानी नहीं बरसाता...
कभी स्मृतियाँ, कभी राहत, कभी रचनाएँ भी लाता है।"

पानी

पानी की है बड़ी कहानी,
युगों-युगों से बहता पानी।
जाने कहाँ से आया ये पानी,
रोक सका न कोई भी पानी।

युग-पुरुष हुए हैं महापुरुष,
सत्यवान, प्रतापी, धर्मरथी।
राजा-महाराजा, वीर-अर्जुन,
सबका पसीना बन गया पानी।

लोककल्याण की खातिर,
लगा दी जीवन की बाज़ी।
दे गए जीवन, दे गए दिशा,
बस एक लोटा गंगा का पानी।

तप के बल से छू लिए शिखर,
यह बात है पुराणों की।
मर्म वही जान पाए सच्चे,
जिनके मन में है गहराई पानी की।

राजा बाली ने जब लिया संकल्प,
हाथ में था बस एक पानी।
तीन लोक का दान कर डाला,
बन गए वह भी महादानी।

माता-पिता की प्यास बुझाने,
श्रवण ने मांगा एक लोटा पानी।
दशरथ को जो शाप मिला,
भर आईं आँखें, बह गया पानी।

रावण ने जब किया घमंड,
पानी में गंध मिलाने का।
पानी उतर गया चेहरे का,
सोने की लंका हो गई पानी।

पत्थर भी तैर गए पानी पर,
राम-नाम जब साथ चला।
अमृत घोल दिया इस जल में,
पानी बना तीर्थों का गहना।

कृष्ण ने जब गोवर्धन उठाया,
दुष्ट कंस को डराया पानी।
भक्ति में जब शक्ति हो,
तो बदल जाता है सारा पानी।

धर्मस्थल बन गए हजारों,
जिसे वेदों ने भी पहचाना।
संत-मुनियों ने तर लिया जीवन,
गंगा के इस जल को अपनाना।

भक्तों की प्राण बनी गंगा,
जिसने इसकी महिमा जानी।
भारत की पहचान बनी,
अमृत बना गंगा का पानी।

तानाशाही ताज जब लहराया,
टैक्स लगाया पानी पर।
सत्याग्रह की लहर चली,
बह गया ताज इस पानी में।

अब पानी बना व्यापार का चेहरा,
हो गया लोभ का भी वासी।
जाग उठो भारत के लोगों,
यह पानी नहीं, यह है संवेदना का दरिया।

नदियों का, झरनों का,
यह वर्षा और सागर का पानी।
कभी जीवन, कभी विभाजन,
सबके हिस्से में आया पानी।

लाखों बह गए पानी में,
लाखों को डुबा गया पानी।
लाखों को ऊपर उठाया इसने,
लाखों को कंगाल किया पानी।

कहीं सिंचाई, कहीं खुदाई,
कहीं बाँधों की बुनियाद।
कहीं राहत, कहीं तबाही,
कभी पूजा, कभी फरियाद।

प्रेम से प्यास बुझा लो अपनी,
हम सब हैं भारतवासी।
पावन भूमि है राम-कृष्ण की,
यह कहता है — गंगा का पानी।

मन की फुसफुसाहट

"पानी सिर्फ़ तरल नहीं—
यह इतिहास, आस्था और अस्तित्व की धारा है।"